Quel animal a ceci?

LES PIEDS

AMY CULLIFORD

Un livre de la collection Les racines de Crabtree

Crabtree Publishing
crabtreebooks.com

Soutien de l'école à la maison pour les parents, les gardiens et les enseignants

Ce livre aide les enfants à se développer grâce à la pratique de la lecture. Voici quelques exemples de questions pour aider le lecteur ou la lectrice à développer ses capacités de compréhension. Les suggestions de réponses sont indiquées en rouge.

Avant la lecture :

• De quoi ce livre parle-t-il?
  • *Je pense que ce livre parle de pieds.*
  • *Je pense que ce livre parle d'animaux qui ont des pieds.*

• Qu'est-ce que je veux apprendre sur ce sujet?
  • *Je veux savoir à quoi ressemblent les empreintes de pieds de différents animaux.*
  • *Je veux savoir quel animal a les plus petits pieds du monde*

Pendant la lecture :

• Je me demande pourquoi...
  • *Je me demande pourquoi les ours ont de très gros pieds.*
  • *Je me demande pourquoi certains animaux ont des sabots.*

• Qu'est-ce que j'ai appris jusqu'à présent?
  • *J'ai appris que les animaux peuvent avoir des petits pieds ou des gros pieds.*
  • *J'ai appris que les animaux ont des pieds de différentes formes.*

Après la lecture :

• Nomme quelques détails que tu as retenus.
  • *J'ai appris que les pieds aident les animaux à marcher et à courir.*
  • *J'ai appris que les animaux ont des griffes, des sabots ou des pieds palmés.*

• Lis le livre à nouveau et cherche les mots de vocabulaire.
  • *Je vois le mot **sabots** à la page 7 et le mot **cheval** à la page 8. Les autres mots de vocabulaire se trouvent à la page 14.*

Quel **animal** a des grands **pieds** comme ça?

Un **ours**!

Quel animal a des **sabots** comme ça?

Un **cheval**!

Quel animal a des pieds **palmés** comme ça?

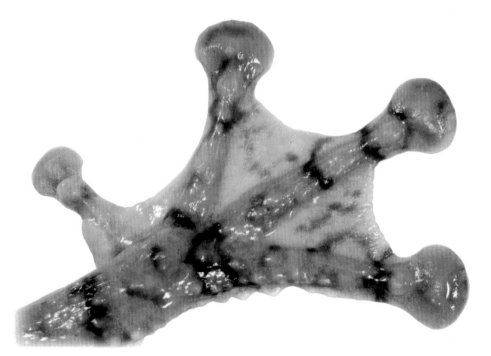

Une **grenouille**!

Liste de mots

Mots courants

a	des	un
ça	gros	une
comme	quel	

La boîte à mots

animal **cheval** **grenouille**

ours **palmés** **pieds** **sabots**